존재의 세 가지 속성

삼법인三法印 – 무상 · 고 · 무아

오 에이치 드 에이 위제세께라 지음 | 이지수 옮김

고요한소리

The Three Signata

Dr. O. H. de A. Wijesekera
(Professor of Sanskirt University of Ceylon)

1982, The Wheel Publication No. 20
Buddhist Publication Society
Kandy, Sri Lanka

일러두기

· 이 책에 나오는 경經의 출전은 영국 빠알리성전협회PTS에서
  간행한 로마자 본 빠알리 경임.
· 로마자 빠알리어와 영문 책 제목은 이탤릭체로 표기함.
· 각주는 원주原註이며, 역자주는 〔역주〕로 표기함.

본문에 들어가기 전에

'삼법인三法印'은 우리에게 대단히 친숙한 말이다. 이 말은 띠 담마 락카나*Ti-Dhamma lakkhaṇa*를 옮긴 것인 듯한데 부처님 가르침의 최종적 결론이면서 밖으로 불교의 요체를 드러내는 삼대 요강三大要綱을 일컫는다고 한다. 한문으로 된 이 말은 문자 그대로 '법의 도장', 즉 정법正法임을 인정하는 최종 결재의 도장이라는 뜻이 강하게 부각되어 있다.

역사적으로 보아 삼법인은 안으로 불교 내부를 단속하고, 밖으로 시비를 가리는 기준이자 잣대로 쓰여 온 것이 사실인 듯하다. 그러나 이 용어는 부처님께서 직접 쓰신 것이 아니며, 법인法印의 뜻도 전 불교계에서 한결같이 강조되고 있는 것은 아니다.

이 용어가 기록상에 나타나는 최초의 예는 '설일체유부設一切有部'의 율장律藏에서라고 한다. 그 내용은 제행개무

상諸行皆無常, 제법실무아諸法悉無我, 적정즉열반寂靜即涅槃
으로 오늘날 우리가 흔히 쓰고 있는 문구와 거의 비슷하
고, 다만 열반적정涅槃寂靜이 적정즉열반寂靜即涅槃으로 바
뀌어 있다.

설일체유부는 부파불교 내에서 독특한 종지를 내세워
가장 활발하게 활동했던 교파이며, 교세가 드세어 인도에
서 대승불교와 각축했던 이른바 소승불교의 주된 흐름이
다. 이론투쟁을 많이 겪었던 만큼 자신과 남들과의 차이점
을 분명히 할 필요도 유달리 많았을 것이고 따라서 삼법인
과 같은 확고한 잣대가 요청되었음직하다. 이렇게 볼 때,
삼법인의 내용이 왜 부처님께서 거의 정형화시켜 놓다시
피 한 무상無常, 고苦, 무아無我로 나타나지 않고 다른 형태
를 취하게 되었는지 그 곡절에 대해서도 다소 시사해주는
바가 있을 것 같다.

하여튼 이에 비해 남방 상좌부上座部 불교에서는 삼법인
이라 옮길만한 개념이 그다지 명확히 설정되어 있는 것 같
지 않다.

띠 락카나*Ti-lakkhana*라는 용어는 여러 논서論書에서 많이 나오지만 그것이 의미하는 바는 주로 '세 가지 보편적 특성'이란 뜻이다. 구성내용도 삼법인의 경우와 달라서 경전에서 쓰이고 있는 그대로 무상(덧없음), 고(불만족성), 무아(자아가 없음)이며, 사용되는 목적도 주로 올바른 해탈에 이르기 위한 수행 방법으로서이다.

본문에서 충분히 설명되고 있으므로 남방불교의 특색을 좀 더 분명히 드러내는 경우의 한 예를 빠알리 논장論藏 중 하나인 《분별론分別論》에 대한 주석서의 다음과 같은 구절을 소개하며 이 글을 맺고자 한다.

육신(色)에서 추함을 보는 사람은 추한 것을 아름답다고 거꾸로 아는 잘못을 멈추게 되어 감각적 쾌락의 거센 물살을 건너게 된다.
감각(受)에서 괴로움을 보는 사람은 고통을 쾌락이라고 거꾸로 아는 잘못을 멈추게 되어 존재짓기(有)의 거센 물살을 건너게 된다.
지각(想)과 형성력(行)에서 자아가 없음을 보는 사람은 자아가 없는 것을 자아가 있는 것으로 거꾸로 아는 잘못을 멈추게 되어 견해의 거센 물살을 건너게 된다.

의식〔識〕에서 덧없음을 보는 사람은 덧없음을 항상(恒常)한 것으로 거꾸로 아는 잘못을 멈추게 되어 무지의 거센 물살을 건너게 된다.

〈고요한소리〉 편집실

차　례

1. 무상無常 anicca

삼법인三法印[1] 의 개념은 불교의 해탈관을 이해함에 있어서 핵심적인 토대를 이루는 것이다. 삼법인이란 현상계에 속하는 모든 사물의 보편적 속성이다. 즉 이는 아닛짜 anicca, 둑카dukkha, 아낫따anattā이다. 아닛짜란 무상, 덧없음 또는 변천성이며, 둑카란 불만족스러움, 고통스러움, 괴로움 또는 아픔이며, 아낫따란 무아, 영구적 자아의 부재 혹은 비실체성이다. 참다운 통찰(vipassanā)과 깨달음에 이르려면 형성된 모든 사물과 과정(saṅkhārā) 내지 모든 현상(dhamma)이 가지고 있는 이들 세 보편적 특성을 관조해야 한다. 이 세 가지 근본적 진리에 대한 깨달음이야말로, 불법Buddha Dhamma이 제시하는 최고의 영적 완성을 성취하는 열쇠라고 말할 수 있다.

삼법인 중 그 첫 번째인 무상, 즉 우주에 존재하는 모든

---

1 〔역주〕법인法印 : 현상계 및 존재의 속성 또는 특질, 정법正法을 확인하는 표지.

사물의 덧없는 변천성은 경전에서 끊임없이 강조되고 있
는 교설이다. 불법에 따르면, 그것이 신이건 인간이건, 생
물이건 무생물이건, 유기물이건 무기물이건 간에 영구불
변하거나 고정 영속하는 것은 없다.

모든 사물은 변천한다는 이 불교의 개념, 다시 말해 불교
의 무상의 법칙은 유명한 '제행무상諸行無常 sabbe saṅkhārā
aniccā'(《중부》 I 권 228쪽)으로, 좀 더 일반적으로는 '행은 실
로 무상하다aniccā vata saṅkhārā'라는 어구로 잘 표현되어
있다. 이 두 어구는 형성된 모든 사물이나 과정이 변천 · 무
상하다는 뜻이다. 이것은 형이상학적 연구나 어떤 신비적
직관의 결과가 아니라 관찰과 분석에 의해 도달한 체험적
판단이다.

이는 편견 없는 사고에 바탕한 것이며 따라서 순수한 경
험적 근거를 지니고 있는 것이다. 《증지부》[2]의 〈대품大品〉
(7법집 62경, IV권 100쪽)에서 세존께서는 제자들에게 다음
과 같이 설하신다.

　　비구들이여, 형성된 모든 것(行, 有爲, 상카아라 saṅkhārā)

---

2 [역주] 《증지부增支部 Aṅguttara Nikāya》: 법수에 따라 모은 경집.

은 무상하며, 형성된 모든 것은 불안정하며, 형성된 모든 것은 안락과 만족의 원인이 되지 못하니, 우리는 이 형성된 모든 것에 대해 싫증을 느끼고 넌더리를 내고 그로부터 완전히 벗어나야 할 것이니라.

여기서 '형성된 모든 것─상카아라'라는 말이 무엇을 뜻하는가는 이어지는 교설에서 분명히 드러난다.

비구들이여, 지금부터 수십만 년 후에 제2의 태양이 출현하면서 그 뜨거운 열기로 인해 비가 내리지 않게 되고, 모든 초목이 시들어서 말라죽고 냇물과 작은 강들이 말라붙을 때가 올 것이다. 또 제3의 태양의 출현과 더불어 갠지스나 야무나와 같은 큰 강들도 말라버리고, 모든 호수뿐 아니라 큰 바다조차도 시간이 지남에 따라 마를 것이다. 뿐만 아니라 수메루(수미산) 같은 큰 산, 아니 이 광활한 대지마저도 거대한 우주적 대참극 속에 김을 뿜기 시작해서 마침내는 불바다를 이루게 될 것이다. (……) 비구들이여, 이렇듯 형성된 모든 것(sankhārā)은 무상하며, 불안정하며, 안락을 꾀할 거리가 못되니, 그 무상한 본성을 성찰하여 그에 대한 집착을 반드시 버려야 한다.

이 가르침으로 미루어보아 '상카아라'라는 말이 얼마나 포괄적인 의미로 사용되는지를 쉽게 이해할 수 있다. 이 '상카아라'란 말은 자연스럽게 발전 또는 진화한 결과로 존재하게 된 모든 사건, 모든 현상을 다 포괄할 뿐 아니라 그것들이 조건지어져 생겨난 것이기 때문에 선행하는 원인들에 의해 조건지어지면서 언젠가는 끝이 나서 다시는 볼 수 없게 사라져 갈 운명을 본질적으로 지니고 있다는 뜻까지 내포하고 있다.

부처님 말씀에 따르면 존재being란 없고, 다만 끊임없는 생성〔有 becoming, *bhava*〕만이 있을 뿐이다. 모든 것은 이전의 원인들이 빚어내는 소산이며, 따라서 의존관계에 의해 생겨난〔緣已生 *paticcasamuppanna*〕3 산물이다. 이전의 원인들 자체도 영속적이고 고정된 것이 아니라 똑같이 부단하게 생성되어 나가는 과정 속에서 시간적으로 단지 앞서는 것일 뿐이다. 따라서 모든 것은 동적 과정들이 연쇄적으로 작용한 결과라고 이해해야 하며, 창조되거나 형성

---

3 연기에 관한 참고 서적 : 《연기 *Dependant Origination*》(삐야닷시 스님, Wheel No.15 BPS), 전채린 옮김, 《연기》, 법륜·스물둘, 〈고요한소리〉, 참조.

된 모든 것은 다만 이러한 과정을 통해서 이루어졌다는 뜻
이지 그 자체의 성질 외에 바깥에 있는 제3의 그 어떤 힘
에 의해서 창조·형성되었다는 뜻은 아니다.

불교에서는 일체 사물을 '함께 형성된 것*sankhata*'으로
간주한다. 이 문맥에서 '함께 또는 더불어 형성되었다'는 말
은 선행적 조건에 의존하여 일어나거나, 혹은 생성되었다
는 것을 뜻한다. 이 세계에서 경험되는 모든 것이 선행적 조
건이나 과정에 의존하여 일어나고 생성되었으며, 또 모든 것
은 소멸될 운명을 지니고 있다고 말하는 것도 바로 그 때문
이다. 《상응부》4에서 말한 바와 같이 '생성된 모든 것은 사
라질 성질의 것이다.*yam bhūtam tam nirodhadhammam*'
(II권 49쪽) 이 법칙은 미물에 대해서나 대범천大梵天과 같
은 최강의 신에 대해서나 똑같이 적용된다. 《장부》5의 열

---

4 〔역주〕《상응부相應部 *Samyutta Nikāya*》: 짧은 경들을 내용별로
  모은 경집.
5 〔역주〕《장부長部 *Dīgha Nikāya*》: 비교적 장편에 속하는 경들을 모
  은 경집. 빠알리 경은 앞서의 《증지부》, 《상응부》, 《장부》 이외에
  《중부》와 《소부》가 있어 5부 니까야*Nikāya*로 이루어진다. 《중부
  Majjhima Nikāya》는 중간 길이의 경들을 모은 경집. 《소부
  Khuddaka Nikāya》는 기타 15경집들로 구성되는데, 〈법구경〉, 〈숫

한 번째 경에서는 범천이라 할지라도 자신을 영원한 존재로 생각한다면 어리석은 일이 아닐 수 없다고 말하고 있다. 이 점에 대해 리스 데이비즈 교수[6]는 다음과 같이 말하고 있다.

> 사물이건 사람이건 한 개체를 이루고 있다는 것은 이미 주변과 별개로 불거지게 되었다는 뜻이며, 일단 주변으로부터 튕겨나면, 불안정하고 일시적이어서, 반드시 사라지기 마련이다. 예를 들면 천신들의 경우에는 수십만 년을 살 수도 있으나 어떤 곤충의 경우에는 단지 몇 시간을, 그리고 어떤 화학물질의 경우에는 단지 몇 초간밖에 지속하지 못한다. 그러나 그 어느 경우이건 시작이 있자마자 바로 그 순간에 종말은 시작되는 것이다.
>
> 〈미국에서의 강의〉에서

따니빠아따〉, 〈감흥어〉, 〈여시어경〉, 〈장로게〉, 〈장로니게〉, 〈본생경〉 등 중요한 경들이 이에 속해 있다.

6 〔역주〕 리스 데이비즈Thomas William Rhys Davids : 1843~1922. 영국의 언어학자이며 불교학자. 법륜·하나《부처님, 그분》, 〈고요한 소리〉, 주1 참조.

이 무상법의 윤리적 의의는《장부》17경인 〈대선견왕경 大善見王經 *Mahā Sudassana Suttanta*〉에 잘 나타나 있다. 이 경에서 부처님은 제자 아아난다에게 과거의 유명한 왕인 대선견왕의 영화에 대해 말씀하신다. 그가 소유했던 많은 도시와 보물, 궁전에 대해서 그리고 얼마나 많은 코끼리와 말과 수레, 여인 등을 거느렸으며. 그가 이룩한 제왕으로서의 위업 그리고 마지막으로 그가 죽는 광경에 대해 말씀하신 후에 다음과 같이 결론을 맺으신다.

> 보라, 아아난다여. 이 모든 것들[有爲法]이 지금은 흔적조차 없이 사라진 채 잊히지 않았느냐. 이렇듯 아아난다여, 모든 상카아라, 유위의 현상계는 무상하구나. 아아난다여, 상카아라는 믿을 것이 못되는구나. 아아난다여, 이것만 봐도 그러한 상카아라에 대해 염증을 내고, 넌더리내어, 완전히 벗어나야 한다는 것을 충분히 알 수 있다.
>
> 《장부》17경, Ⅱ권 198쪽

부처님께서 형성된 모든 사물과 조건지어진 과정들을 무상하고 불안정한 것으로 규정하셨을 때, 무엇보다도 염두에 두신 것은 '인간'이라고 하는 이 특수한 과정들의 무더기*sankhārapuñjā* 였다는 것을 우리는 잊지 말아야 할 것이다. 왜냐하면 부처님께서 일차적으로 해탈의 길을 제시한 대상이 바로 인간이었으며, 그런 점으로 보아 그분께서 주로 관심을 기울인 대상도 인간일 수밖에 없기 때문이다. 그러므로 주요 문제는 인간의 참된 본질을 알아내는 일이었으며 불법의 놀라운 독창성도 바로 이 분야에서 이룬 위대한 발견들에서 찾아볼 수 있다.. 부처님께서 인간 본성에 관해 내리신 결론은 그분의 무상에 대한 일반 개념과 완전히 일치한다. 즉 인간이란 몇 가지 요소들의 복합이며 지속적인 인격체로 보이는 것도 실은 간단없이 변화하고 있는 과정의 집합으로 하나의 지속적 생성 *bhava* 이상의 아무것도 아니다. 부처님께서는 인간을 물질성〔色〕7, 느낌〔受〕8, 지각〔想〕9, 형성력〔行〕10, 의식〔識〕의

---

7 〔역주〕물질성 : 色. *rūpa*. 영어로는 corporeality(유형적 성질), materiality(물질성), form(형상), visible object(가시적 대상), body(몸) 등이 경우에 따라서 쓰이고 있다.

8 〔역주〕느낌 : 受. *vedanā*. 영어로는 feeling, sensation 등으로 번역된다.

9 〔역주〕지각 : 想. *saññā*. 영어로는 perception으로 많이 쓰인다.

10 〔역주〕형성력 : 行. *sankhāra*. 번역에 가장 고충을 겪고 있는 낱말 중의 하나이다. formation, volitional effort, 또 특수한 경우란 뜻

다섯 쌓임〔五蘊〕으로 분석하셨다. 세존께서는 경전에서 이 각각의 쌓임들이 무상하고 불안정한 것임을 거듭거듭 역설하셨다. 《장부》 가운데 유명한 〈대념처경大念處經 *Mahā Satipaṭṭhāna Sutta*〉에서 세존께서는 제자들에게 이 모든 범주들이 생성하고 소멸하는 본성을 가진 것임을 관觀하도록 가르치신다.

> 물질성은 실로 이와 같다. 그것이 비롯되는 것이 실로 이와 같다. 그것이 사라지는 것이 실로 이와 같다. 다른 네 쌓임, 즉 느낌, 지각, 형성력, 의식의 경우에도 마찬가지다.
>
> 《장부》 22경, Ⅱ권 301쪽

사실, 영적 삶의 최고 극치는 여섯 가지 감각 접촉영역〔六入〕의 허망한 성질을 올바로 인식한 결과로 온다고 한다.

에서 function으로도 번역되고 있다. 복수로 쓰일 때는 formations 외에 all phenomena라는 말이나 the world of phenomena, all the things of this world 등의 말을 쓰기도 한다. 이 책의 저자는 앞의 본문에서 formations와 dynamic processes 등의 용어를 경우에 따라 구사하고 있는데 후자는 '업력kamma formations'이란 뜻이라고 밝히고 있다. 본 역문에서는 단수의 경우 '형성력', 복수의 경우는 '형성된 모든 것들' 등의 용어를 썼다.

《중부》의 백두 번째 경은 다음과 같은 말로 끝난다.

> 실로, 비구들이여, 이것이 구경평화에 이르는 온전한 길이
> 니 여래는 이에 대하여 완전한 깨달음을 성취했던 것이니
> 라. 그것은 바로 감각 접촉의 여섯 영역에 대한 여실如實한
> 이해이며, 그들의 생성과 소멸에 대한 여실한 이해이며,
> 그들의 달콤함과 위험함에 대한 여실한 이해이며, 집착 없
> 이 그들로부터 벗어나는 길에 대한 여실한 이해이다.
>
> 《중부》102경, II권 237쪽

윤회를 연속시키는 원인, 달리 표현하면, 생성bhava을
지속시키는 것은 이들 여섯 가지 감각 접촉의 영역이며,
그래서 이들이 유위법 중에서도 가장 핵심적인 유위법을
이룬다는 것을 알고 있어야만 한다. 빠알리 경전에 자주
반복되는 문장이 있다.

> 실로 형성된 모든 사물은 생성, 소멸하게 마련이다. 태어
> 난 것은 죽음에 이른다. 생성의 종식이야말로 지복至福이
> 니, 그것이 평화이다.

2. 고苦 *dukkha* - 불만족성

현상계의 형성된 모든 사물과 과정이 갖는 첫 번째 특성인 무상성에 대해서는 앞에서 다루었다. 삼법인의 두 번째는, 모든 윤회하는 존재의 보편적 특성은 고苦라는 것, 즉 존재의 전반적 불만족성이다. 실제로 둑카*dukkha*라는 빠알리어는 번역하기가 매우 어려운 말 중의 하나이다. 영어로는 흔히 sorrow(슬픔), 혹은 ill(불행), 심지어 어떤 이는 pain(아픔), suffering(고통) 등으로 번역하기도 한다. 그러나 이런 역어들은 너무 특수화되었거나 너무 제한적 의미의 단어이며, 또 대개가 너무 강하기 때문에 빠알리어의 '둑카'가 뜻하는 바와 같은 의미를 표현하지 못한다. 게다가 빠알리 경전에서도 이 말이 여러 뜻으로 쓰이기 때문에 번역하기가 더 어렵다. 넓게 철학적인 뜻으로 쓰이는 경우도 있고, 좁게 심리학적인 뜻으로 쓰인 것도 있으며, 더 좁은 뜻으로 신체와 관련해서 쓰이는 경우도 있다.

여기서 'unsatisfactoriness(불만족성)'이라는 말을 쓰게

된 것은 둑카의 넓은 철학적 의미를 가리키기 위해서이다.
이것이 적어도 삼법인이라는 이 특수한 맥락에서는 아마
도 가장 적합하게 옮긴 술어라고 생각된다.

일부 불교 저술가들이 뭐라고 말했건, '둑카'의 실재에
대한 인식이야말로 불교의 가장 본질적 개념을 드러내는
것이다.

깨달음을 이루신 후 행하신 첫 설법에서 세존께서는 다
음과 같이 이 개념을 정형화하셨다.

> 비구들이여, 이것이 바로 네 가지 성스러운 진리인 사성
> 제四聖諦 중 고성제이다. 태어남이 고이고, 늙어감이 고이
> 고, 병듦이 고이고, 죽음이 고이고, 근심·탄식·괴로
> 움·슬픔·절망이 고이다. 싫어하는 것과 만나는 것, 좋
> 아하는 것과 헤어지는 것, 그것도 고이다. 원하는 것을
> 얻지 못하는 것, 그것 역시 고이다. 요컨대 집착에 근거
> 한 이 '나'라는 다섯 가지 집착의 무더기〔五取蘊〕11가 바로

---

11 〔역주〕오취온 : 오온이 범부와 유학有學에게는 집착의 대상이 되
  므로 오취온이라 부르고, 아라한과를 증득하여 일체 집착을 여읜 사

고이다.

《상응부》 V권 421쪽

'불만족성'이라는 보편적 사실에 대한 이와 같은 관찰이 부처님께서 발견하고 선포하신 영적·도덕적 향상체계의 중심축이라는 것은 편견에 젖지 않은 불교연구가라면 누구나 곧 깨달을 것이다.

부처님의 말씀에 따르면 모든 경험의 시작과 지속과 종말, 이것이 중생의 전 세계*loka*인데 그 경험의 중심은 그 자신의 개체성[名色], 다시 말해 그 개체를 구성하는 오취온五取蘊─물질성, 느낌, 지각, 형성력, 의식이다. 이 개체성의 가시적 근거가 신체인데 누구나 아는 바와 같이 이 신체는 지, 수, 화, 풍의 네 기본 요소12로부터 도출된 물질적 구성요소들의 산물이다. 그래서 신체를 두고 사대四大로 구성되었다 하며 따라서 사대에 의해 조건지어진 것

람에게는 단지 연기·생멸하는 법으로 보일 뿐 집착의 대상이 아니되므로 그냥 오온이라 부른다.

12 〔역주〕 이 기본요소를 사대四大라 한다. 이는 물질성을 구성하는 고체[地]·액체[水]·열기[火]·기체[風]의 네 성질을 말한다.

이라고도 말하게 되는 것이다. 이미 '무상'의 장章에서 설명한 바와 같이 사대의 보편적 특성은 무상성이며, 사려 깊은 사람이라면 자명한 것으로 받아들일 이 사실을 이해하기 위해서 굳이 많은 학식을 필요로 하지는 않을 것이다. 그러나 둑카를 이해하기 위해서는 무상의 이해가 전제되는 만큼 사대四大의 무상함에 대해 조금 더 지면을 할애할 필요가 있을 것 같다. 부처님은 다음과 같이 설하셨다.

물의 요소가 맹렬하게 기세를 부릴 때가 올 것이다. 그때가 되면 땅의 요소가 사라질 것이니 그것의 덧없는 본성을 적나라하게 드러내면서 무너져 파괴되고 변천할 것이다. (…) 또한 물의 요소가 말라버려, 단 한 치의 땅을 덮을 물도 바다에 남지 않게 될 때가 올 것이다. 그때에는 이 물의 요소가 덧없는 본성을 적나라하게 드러내면서 무너져 파괴되고, 변천할 것이다. (…) 불의 요소가 맹렬히 일어나서 모든 지표를 삼키고 더 이상 집어삼킬 것이 없을 때야 비로소 그치게 될 때가 올 것이다. 그날엔 이 불의 요소가 그 덧없는 본성을 적나라하게 드러내면서 파괴될 것이다. (…) 바람의 요소가 맹렬하게 일어나 촌락과 도시와 지상의 모든 것을 휩쓸어버리고 마침내 스스로 기운이 빠져 쓰러질 때가 올 것이다. 그때에는 이 바람의 요소는 그것의 덧없는 본성을 적나라하게 드러내면서 무너져 파괴되고, 변천할 것이다.

《중부》28경, I권 187~189쪽

그러므로 네 가지 기본요소에 포함되는 모든 것은 보편적인 무상의 법칙에 종속됨을 보여주며, 이 네 기본요소의 파생물인 육신도 그 기본 구성물과 동일한 운명을 면할 수 없다는 것을 간단히 추리할 수 있다. 그리고 부처님께서는 계속하여 육신과 감각기관에 기반한 우리 개체의 나머지 구성요소들의 무상성, 혹은 변천성을 밝히신다.

비구들이여, 육신[物質性]은 무상하다. 그리고 육신을 생성시키는 토대가 되는 것[四大] 역시 무상하다. 무상한 것으로부터 생성된 것이 육신일진대 어찌 그것이 영구할 수 있겠는가?

감각과 느낌은 무상하며, 이들을 생성하는 토대가 되는 것, 즉 신체에 의존한 감각기관도 역시 무상하다. 무상한 것으로부터 생기는 것이 감각과 느낌일진대, 어찌 그것이

영구할 수 있겠는가? (···) 마찬가지로 지각과 형성력 그리
고 의식, 이 모든 것이 무상한 것으로부터 생긴 것이며 따
라서 무상할 수밖에 없다.

《상응부》22상응 18경, Ⅲ권 23쪽

모든 것에서 생성과 변천과 소멸을 관찰할 수 있다. 개
체를 이루는 그 모든 것의 이와 같은 무상한 성질 때문에
다음과 같은 결론을 얻을 수 있다. 그들은 덧없고 본질적
으로 비지속적이기 때문에 만족스런 경험을 위한 근거가
되어줄 수 없다는 것이다. 요컨대 무상한 것은 무엇이건
바로 그 무상성 때문에 불만족스러운 것이다. *yad aniccaṁ
taṁ dukkhaṁ* (《상응부》Ⅲ권 22쪽) 그러므로 모든 인격체
또는 개체 (그것이 윤회하는 과정에서 이 세상 또는 저 세상에서
어떤 형태를 취하든) 그리고 개체성에 의존할 뿐인 저 모든
경험 세계 등 모든 것은 결국 불만족스러운 것이라는 불교
의 진리가 확립된다.

어떻게 생각하는가? 비구들이여. 육신은 영원한가, 아니
면 무상한가?

세존이시여, 그것은 무상합니다.

그러면 무상한 것, 그것은 만족스러운가, 만족스럽지 못한가?

만족스럽지 못합니다. 세존이시여.

비구들이여, 어떻게 생각하는가? 느낌, 지각, 형성력 그리고 의식, 이 모든 것은 영원한가, 무상한가?

그것들은 무상합니다. 세존이시여.

그러면 무상한 것, 그것은 만족스러운가, 만족스럽지 못한가?

만족스럽지 못합니다. 세존이시여.

《중부》 22경, I권 138쪽

그래서 이 보편적 불만족성은 윤회세계의 모든 경험의 전반적 특성으로 간주되며, 여기서 둑카의 성스러운 진리

〔苦聖諦〕가 성립된다. 이지적인 사람에게는 이 모든 이야기가 자명한 것으로 들릴 것이다. 그런데도 왜 그토록 많은 사람들이 불교의 기본원리를 이루는 이 자명한 진리를 깨닫지 못하고 있으며 심지어는 관심조차 가지려들지 않는 것일까? 이에 대한 답을 찾으려면 우리는 인간의 마음이 어떻게 작용하는지를 좀 더 깊이 탐구해보아야 할 것이다. 왜냐하면 괴로움의 진리를 깨닫는 것도 마음의 소관이기 때문이다.

중생의 심리는 즐거운 것은 추구하고 즐겁지 못한 것은 피하게 마련이라고 세존께서 말씀하셨다. 이 말을 앞에서 사용하던 어휘로 표현하자면, 중생은 자기에게 만족스러운 것은 좇아가고 불만족스러운 것으로부터는 뒷걸음쳐 물러난다고 할 수 있겠다. 불교 비판가들은 유정물의 모든 심리가 즐거움의 여부에 그처럼 강력하게 지배당한다고 규정할 확실한 근거가 무엇이냐고 물을지 모른다. 이러한 분들에게는 현대 정신분석학의 창시자인 프로이트도 부처님과 똑같은 결론에 도달했던 사실을 잠시 상기시켜주는 것이 좋을 것 같다.

프로이트는 《쾌락 원칙을 넘어서 *Beyond the Pleasure*

Principle》라는 그의 유명한 저서를 다음과 같은 의미심장
한 말로 시작한다.

> 정신분석학적 견해로 볼 때 우리는 정신적 사건의 경로가
> 쾌락 원칙에 의해 자동적으로 통제된다고 가정할 수 있다.
> 다시 말해서, 그러한 사건들의 경로는 반드시 불유쾌한 긴
> 장에 의해 발단되며, 그 최종적 결과는 그 긴장의 완화, 즉
> 불유쾌를 피하고 쾌락을 얻도록 방향을 잡는다고 믿는다.

이렇게 해서 프로이트는 그의 심리과정 연구에 그가 '경
제적' 원칙이라고 부르는 것을 도입하게 된다. 그런데 부
처님께서 이미 2500여 년 전에 같은 원칙을 거의 똑같은
용어를 써서 공식화하셨다는 것은 인류 사상사를 통해 주
목해야 할 일이 아니겠는가?

그런데 만일 인간이 본성상 쾌락을 추구하고 불쾌한 것
을 피하려는 자신의 무의식 과정에 의해 추동推動된다면,
자신의 모든 경험을 무상과 불만족성으로 규정하는 철학
을 달가워하지 않을 것임은 당연하다. 그런 까닭에 부처님
께서는 깨달음 직후에 이 보편적 괴로움에 관한 진리를 파
악할 수 있을 만큼 맑은 지혜를 가진 사람은 극히 소수일

뿐이라고 생각하셨던 것이다.

'불만족성'에 대한 이 간략한 해설을 매듭짓기 전에 한 가지 점만은 꼭 밝혀두어야 할 것 같다. 즉 '만족스럽지 못함'의 실상이 그처럼 모든 경험의 보편적인 특성이라면 불교는 별 수 없이 비관주의를 표방하는 것에 지나지 않는다는 의구심에 대해서 말이다.

그런 견해가 전적으로 그릇된 것임은 경전 자체가 분명히 밝히고 있다. 불교에서 사물을 보는 데는 낮은 관점과 높은 관점의 두 관점이 있다. 괴로움을 관찰함에 있어서도 물론 이 두 관점이 있다. 낮은 세속적 관점에서 보면 우리의 경험세계, 즉 감각과 느낌의 영역〔受 vedanā〕에는 즐겁거나 행복한 느낌〔樂受〕, 불쾌하거나 불행한 느낌〔苦受〕, 괴롭지도 즐겁지도 않은 무덤덤한 느낌〔不苦不樂受〕이 있다.

모든 개인적 경험에 두루 적용되는 낮은 차원의 상대적 관점에서 보면, 어떤 주어진 순간에 있어 개인적 및 환경적 조건에 따라 서로 우열의 정도는 다르겠지만, 세상에는 '불행'과 마찬가지로 소위 '행복'이라는 것이 있다. 그러나 그러한 여러 가지 느낌을 더 깊이 검토해보면, 이 세 가지 유형의 경험들 사이에는 반드시 공통분모가 있다. 즉 이

세 종류의 경험이 모두 무상 혹은 변천이라는 보편적 속성
에 종속된다는 사실이다. 그러므로 사리뿟따는 세존께 만
일 감각과 느낌의 본성에 관해 질문 받으면 이같이 답해도
괜찮겠는지 여쭙는다.

> 감각과 느낌에는 정녕 세 가지가 있으니, 벗이여, 즐거움,
> 괴로움, 괴로움도 즐거움도 아닌 것의 세 가지이다. 그러
> 나 이 세 가지 경험은 모두 무상하다. 그리고 무상한 것은
> 무엇이나 둑카를 일으키는 것임을 알 때 그들 경험에 대한
> 집착이 일어나지 않게 된다.

마지막 문장에서의 '둑카dukkha'는 이 장章의 앞부분에
서 언급한 철학적인 넓은 의미에서 사용되었다는 것을 쉽
게 알 수 있다. 그에 대해 세존께서는 다음과 같이 사리뿟
따의 말을 흔쾌히 수긍하셨다.

> 옳다. 사리뿟따여, 바로 말했다. 그것이 바로 그러한 질문
> 에 요령 있게 답하는 정확한 방법이다.
> 감수된 것은 어떤 것이든 (무상한 것이며) 모두 둑카의 범
> 주에 속하는 것이다.

(yamkiñci vedayitaṁ taṁ dukkhasmiṁ)

《상응부》 12상응 32경, Ⅱ권 53쪽

윤회세계의 모든 경험은 이러한 의미에서 '감수된 것 *vedayita*'이며 따라서 윤회세계의 모든 생성*bhava*을 높은 관점에서 볼 때에는 둑카, 즉 불만족스러운 것이라는 의심할 나위없는 대명제가 성립하는 것이다. 또한 확고부동한 불교의 낙관론, 즉 윤회세계의 고로부터 벗어나는 길이 있고, 절대적 평화와 적정寂靜의 안식처 다시 말해 열반의 절대 행복이 있다는 대긍정 역시 이 둑카의 명제를 출발점으로 하고 있는 것이다.

열반은 궁극의 행복이다.

nibbānaṁ paramaṁ sukhaṁ

3. 무아無我 *anattā*

무상과 불만족성이라는 두 법인에 대해 이상과 같이 논의하다 보면 자연스럽게 '무아' 혹은 '무실체성'이라는 불교의 기본적 개념으로 이어지게 된다.13 이 개념은 불교의 모든 기본적 사상 가운데서 말썽의 소지를 가장 많이 안고 있는 것으로서 수많은 주석가나 학자, 비판자들에 의해 구구한 해석이 전개되어 왔다. 서양의 불교학도들에게는 이른바 '무아설'이라고 하는 것이 개인적인 창의력과 번쇄한 변증능력을 과시하는 절호의 기회로 이용되어 왔지만, 반드시 성공적인 것은 아니어서 그들 사이에서나 심지어는 동일 저자의 여러 저작 속에서도 첨예한 모순을 드러냈다. 그 뿐 아니라 전통적 불교권의 여러 학파 간에서도 이 개념은 난제 중의 난제였다.

---

13 《베단타와 불교 *Vedanta and Buddhism*》(글라스넵 지음, Wheel No.2 BPS), 《무아와 열반 *Anattā and Nibbāna*》(냐나뽀니까 스님 지음, Wheel No.11 BPS)

필자의 견해로는 이들 해석자들이 가장 애를 먹게 되는
주된 원인은 '자아*attā*'라는 낱말을 명확하게 정의하지 못
하기 때문이 아닐까 한다. 사실 저술가들이 특히 서양의
저술가들이 '앗따[自我]'에 대하여 별다른 개념정의도 갖추
지 않고 단지 불교연구에 착수하기 이전부터 그들에게 익
숙했던 유신론14적 혹은 범신론15적인 철학이나 종교체계
로부터 빌려온 '영혼'이니 '에고'니 하는 개념만으로 무장한
채 무아설에 대한 논의로 뛰어든다는 것부터가 기이한 일
이 아닐 수 없다. 여기서는 그러한 해석을 비판하려는 의
도는 없으며, 다만 중요한 사실 하나를 강조하고자 한다.
즉, 빠알리 경전에 나오는 '자아*attā*'라는 말은 기원전 6세
기경에 인도에 성행하던 여러 가지 역사적인 개념들을 반
영하여 일컫는 것이다. 따라서 이 말은 그러한 특수한 맥
락을 검토하는 가운데 정의되어야 할 것이다. 여기서는 삼
법인 중 세 번째로 모든 사물[一切法]의 보편적 특성*sabbe
dhammā anattā*을 표현하여 '아낫따*anattā*'라는 형용사가

---

14 〔역주〕유신론有神論 : 변화·생멸하는 세계를 초월한 인격신이 있
   다고 주장하는 입장
15 〔역주〕범신론汎神論 : 신과 우주를 동일시하는 입장

사용된 맥락에 한정짓고자 한다.16

    앞의 두 장章은 형성된 모든 사물과 과정들의 무상성과 그리고 이들로부터 나온 이른바 오취온의 일반적 불만족성을 다루었으며, 특히 이 중 두 번째 장章에서는 즐거운 느낌, 괴로운 느낌, 괴롭지도 즐겁지도 않은 느낌의 셋으로 나뉘는 감각과 느낌〔受〕을 다루었다. 그리고 일반적 불만족성〔苦〕이라는 두 번째 특성은 무상성이라는 첫 번째 특성으로부터 직접 도출되는 것임을 밝히고자 관련된 경문을 인용하였다. 이제 마지막으로 모든 경험의 일반적 불만족의 필연적 결과로서 삼법인의 세 번째 진리에 대한 자각, 즉 모든 물질적·정신적 상태와 현상의 보편적 특성이 바로 '무아'임을 어떻게 깨닫게 되는가를 밝힐 때가 되었다. 부처님의 말씀부터 들어보자.

    비구들이여, 물질적 형태〔色〕는 무상하다. 그리고 무상한

---

16 '아낫따'에 관해서는 《부처님의 세 가지 주요한 법문 *Three Cardinal Discourses of the Buddha*》의 〈아낫따락카나 경 *Anattālakkhaṇa Sutta*〉(냐나몰리 스님 영역英譯 Wheel No.17 BPS) 참조

것은 어느 것이나 불만족스럽다. 불만족스러운 것은 무엇

이건 무아이다. 그리고 무아인 것은 나에게 속한 것이 아

니며, 내가 아니며, 나의 자아가 아니다.

《중부》 I 권 139쪽

  개체를 이루는 다른 네 가지 쌓임, 즉 감각과 느낌〔受〕,

인식과 지각〔想〕, 심리적 과정과 반사작용〔行〕, 마지막으로

개인의 의식자체〔識〕에도 똑같이 정밀한 논리가 차례로 적

용된다. 특히 무아의 보편적 특성을 마지막으로 의식에 적

용한 것은 몇 가지 점에서 이 설명의 가장 중요한 대목을

이룬다. '윈냐나*viññāṇa* 識'라는 빠알리어가 유정물의 가장

내면적인 심적 경험까지 포함한 것임을 상기한다면, 부처

님께서 생각하셨던 '무아'의 특성이 어떻게 예외를 용납하

지 않고 엄정한 구속력을 지닌 개념인지 분명히 알 수 있

다. 부처님 이전이건 이후이건 철학자들이 생각해낸 가장

세련된 자아 혹은 에고라는 개념은 어떤 식으로건 또 어떤

점에서건 자의식, 즉 '나는 나이다'라는 의식 상태와 관련

된 것이었다. 부처님의 경우 이 자의식 또는 '나라는 생각

〔I-ness〕'조차도 무상성과 불만족성이라는 불가항력적 특

성에서 예외일 수가 없다. 그리고 이 특성들에 지배되는

것은 무엇이건 '무아'이므로, 이 '나' 의식은 환상 혹은 오류로 간주되어야 한다. 이것이 위에서 언급한 형용사 '무아 *anattā*'의 중요한 의미이다. 《중부》의 148경인 〈여섯의 여섯 경六六經〉에 이 개념에 대한 다음과 같은 자세한 분석이 나온다.

> 만일 혹자가 눈(보는 작용)을 자아라고 생각한다면, 그것은 옳지 않다. 왜냐하면, 눈이 생하고 멸하는 것은 '경험적으로' 분명하기 때문이다. 눈의 생멸이 확실한 이상 눈을 자아라고 생각하는 것은 결국 자아가 생멸한다는 얘기가 된다. 그러므로 눈을 자아로 여기는 것은 옳지 않다. 따라서 눈은 무아임이 증명된다. 마찬가지로 만일 혹자가 형상(색 또는 보이는 대상)을 자아라고 한다면 그것 또한 똑같은 이치로 옳지 않다. 그러므로 눈과 그 눈이 인지한 형상 모두가 무아이다. 똑같은 논리가 시각적 의식〔眼識〕에도 (만일 이것을 자아라고 여긴다면) 적용되며, 다시 시각적 접촉〔眼觸〕에도 적용된다. 그러므로 눈, 그 대상인 형상, 시각적 의식, 시각적 접촉이 모두 무아이다. 그것은 또한 '이상의 넷으로부터 일어나는' 느낌에도 적용된다. 그러므로 눈, 그 대상, 시각적 의식, 시각적 접촉, 그 결과적 느낌,

이 다섯 가지가 모두 무아이다. 그것은 또한 마지막으로 이상의 다섯과 연결된 (본능적) 욕망tanhā에도 적용된다. 그러므로 눈과 그 대상, 시각적 의식, 시각적 접촉, 그로 인한 느낌 그리고 마지막으로 욕망, 이 여섯 가지 모두가 무아이다.

그리고 눈 또는 시각에 적용된 것이 똑같이 다른 다섯 감관(마지막 것은 감각기관으로서의 마음[意 mano])에도 적용된다. 따라서 마음이 자아라고 말해도 그 또한 옳지 않다. 마찬가지로 마음[意], 혹은 그 대상[法 dhamma], 의식[意識], 심적 접촉[意觸], 그 결과적 느낌, 이 모든 것과 연결된 욕망이 자아라고 주장하는 것도 허용될 수 없다. 그들 모두는 무아이다. 이 무아인 것들을 놓고 '이것이 나의 것이다', '나는 이것이다', '이것이 나의 자아이다'라고 생각하기 때문에 영구적 개체성, 혹은 인격체의 개념이 발생하는 것이다.

영구적 인격체라는 견해를 지멸止滅하는 길은 보기, 듣기, 냄새맡기, 맛보기, 몸으로 접촉하기, 생각하기 그리고 그들에 부수되는 현상을 '나의 것' 등으로 간주함을 멈추는 일이다.

이어서 부처님께서는 자아 혹은 영구적 인격체〔有身 *sakkāya*〕라는 견해의 윤리적 의미를 설하신다.

눈과 시각 대상을 조건〔緣〕으로 하여 시각적 의식이 일어나며, 이 셋 모두의 만남이 접촉이다. 그 접촉으로부터 느낌이 일어나며, 그것에는 즐거운 느낌, 괴로운 느낌, 괴롭지도 즐겁지도 않은 느낌이 있다.

사람은 즐거운 느낌을 경험할 때에는 그것을 반기고, 환호하고 움켜잡는다. 그때 그에게 탐욕의 잠재성향이 뒤따른다. 또 괴로운 느낌을 경험할 때에는 괴로워하고, 불행을 느끼고, 울부짖으며, 가슴을 치고, 비통해한다. 그때 그에게 혐오〔有對〕의 잠재성향이 뒤따른다. 괴롭지도 즐겁지도 않은 느낌을 경험할 때에는 그 느낌의 일어남, 사라짐, 달콤함, 위험함, 벗어남 등에 대해 참다운 인과적 이해를 갖지 못하여, 그로 인해 무지의 잠재성향이 뒤따른다. 따라서 먼저 쾌락적 감정에 대한 탐욕의 잠재성향을 버리지 않고서는, 또 불쾌한 감정에 대한 혐오의 잠재성향을 제거하지 않고서는, 괴롭지도 즐겁지도 않은 감정에 대한 무지의 잠재성향을 근절하지 않고서는, 무지를 버리지 않고서는, 그래서 무지가 일어나는 것을 발생과정에서 중단시키지

않고서는 고苦를 지금 여기서 종식시키는 결과를 기대할
수 없다.

그리고 시각에 대하여 적용된 것이 나머지 다섯 감각에 대
해서도 똑같이 적용된다.

《중부》 Ⅲ권 285쪽

이와 같이 부처님께서는 완전히 객관적인 방식으로 개
체[名色]의 전 발생과정을 관觀함으로써 자아 혹은 영속적
인 인격체의 개념을 분석하고 나아가서 이 그릇된 오류를
발생시키는 원천인 경험 전체를 그 구성부분 하나하나까
지 놓치지 말고 세밀하게 분석하도록 제자들에게 훈계하
신다.

이상의 서술에서 무상, 고, 무아의 세 개념, 즉 삼법인
이 불교라는 거대한 건축물을 밑받침하는 세 주춧돌이라
는 것이 명백해졌다. 삼법인의 타당성을 확신하게 되면 이
는 곧 불법을 완전히 받아들인 것이 되며, 따라서 이 확신
에 이르는 과정에 있어서는 어중간한 타협점이 있을 수 없
다. 불교도를 자칭하는 사람이면 누구나 주관적·객관적
양면으로 경험하게 되는 이 세계의 세 가지 특성에 대해

깊이 숙고해보는 것이 마땅하며, 또 세존께서 지적하신 것처럼 그러한 확신으로부터 파생되는 윤리적 원리를 우리 자신과 사회생활에 적용하여, 마침내 이 세 가지 속성〔三法印〕으로부터 자유로운 상태, 즉 열반의 영원한 희열을 향해 나아가야 할 것이다.

삼법인三法印
- 빠알리 경전에 나오는 말씀들 -

1. 무상無常 *anicca*

무엇이건 생긴 것은 모두 사라지기 마련이다.

《중부》56경

"비구들이여, 영구적이고 영속하고 영원하고 불변성이어서 언제까지나 그대로인 물질성〔色〕, 느낌〔受〕, 지각〔想〕, 형성력〔行〕, 의식〔識〕은 없다."

그러고서 세존께서는 조그만 쇠똥덩이를 집어 들고 말씀하셨다.

"비구들이여, 만일 이만큼만이라도 영구적이고 영속하며 영원하고 불변성이어서 언제까지나 그대로인 개체를, 이만큼만이라도 발견할 수 있다면 괴로움의 완전한 근절을 위해서 이처럼 이 청정한 생활〔梵行〕을 거론하는 일이 애당초 생겨나지 않았을 것이다."

《상응부》22상응 96경, Ⅲ권 144쪽

여기 한 비구가 다섯 가지 집착의 무더기[五取蘊]의 생성과 소멸을 다음과 같이 관하고 있다. 즉 "이러한 것이 물질성[色]이고, 이러한 것이 물질성의 발생 원인이고, 이러한 것이 그것의 사라짐이다." (나머지 네 가지 집착의 무더기들에 대해서도 그러하다고 관한다) 이러한 정정[17]을 닦으면 번뇌의 소멸에 이르게 된다.

《장부》 33경

비구들이여, 형성된 모든 것들[諸行]은 무상하다. 비구들이여, 형성된 모든 것들은 영속하지 않는다. 비구들이여, 형성된 모든 것들은 진정한 위안을 주지 못한다. 그러니 비구들이여, 형성된 일체의 것들에 대해 싫증을 내어 그의 욕망이 사라지고 그들로부터 완전히 벗어나야 할 것이다.

《증지부》 7법집 62경, Ⅳ권 100쪽

자, 비구들이여, 느낌, 지각 그리고 생각들이 일어나면

---

17 〔역주〕 정정 *samādhi* : 영어로는 absorption 등이 쓰이다가 concentration으로 통일되고 있다. 삼매, 집중, 선정 등으로 옮기고 있다.

그 일어남을 알고, 그것들이 지속되고 있으면 그 지속됨을 알고, 사라지면 그 사라짐을 안다. 이러한 정定을 닦으면 마음챙김[正念]18과 분명한 알아차림[正知]19에 이르게 된다.

《장부》 33경

자, 비구들이여, 여기 한 비구가 마음을 챙기어[正念] 마음속에 일어나는 일을 분명히 알아차리며[正知] 방일하지 않고 열심히, 자기 제어를 하며 머물고 있는데 만일 즐거운 느낌이 마음속에 일어나면, 그는 이렇게 안다. 즉 '지금 내 (마음)속에 즐거운 느낌이 일어났다. 이것은 연유가 있기 때문이요 자생한 것이 아니다. 무엇에 연유한 것인가. 바로 이 몸뚱이20이다. 그런데 이 몸뚱이는 진실로 무상하고 형성된 것이며 어떤 조건으로 인하여 생겨난 것이다. 이렇듯 무상하고 형성된 것이고 조건으로 생겨난 이 몸에

----

18 〔역주〕 마음챙김[念 *sati*] : 영어로는 mindfulness로 통일되어 가고 있다. 우리말에서는 아직 자리잡은 낱말이 없다.

19 〔역주〕 충분한 알아차림*sampajañña* : 한문에서는 正知, 正智, 正心 등으로 옮기고 있으며 영어로는 full awareness, self possession, attention 등 다양하다.

20 〔역주〕 여기서 몸은 육처 가운데 안·이·비·설·신, 오처를 가리키는 것으로 봐야 할 것이다.

기인하여 일어난 이 즐거운 느낌이 어떻게 영원할 수 있겠
는가.'

자, 비구들이여, 여기 한 비구가 부지런히 열심히 자기를
잘 제어하며 정념·정지하고 있을 때, 만일 이와 같이 몸과
즐거운 느낌을 놓고 무상관無常觀 *anicca*, 괴관壞觀 *vaya*, 이욕
관離慾觀 *virāga*, 멸관滅觀 *nirodha*, 사리관捨離觀 *paṭinissagga*을
하며 머무른다. 이렇게 함으로써 이 비구에게서 몸에 대해
그리고 즐거운 느낌에 대해 갈망하려는 (고질적) 잠재성향이
사라진다.

마찬가지로 그가 즐겁지 못한 느낌을 관하고 있을 때에
는 몸에 대해 그리고 즐겁지 못한 느낌에 대해 저항[21]하려
는 (고질적) 잠재성향이 사라진다.

그리고 괴롭지도 즐겁지도 않은 느낌을 관하고 있을 때
에는 몸에 대해 그리고 괴롭지도 즐겁지도 않은 느낌에 대
해 무지하려는 (고질적) 잠재성향[22]이 사라진다.

《상응부》 36상응 7경, Ⅳ권 211쪽

---

21 〔역주〕저항*paṭigha* : 법륜·열둘《염수경》, 〈고요한소리〉, 주46
참조.

22 〔역주〕무지하려는 잠재성향〔無明使 *avijjā-anusaya*〕: 무지한 채
로 있거나 더 무지해지려는 무의식적 성향.

비구들이여, 어떤 사람이 본래부터 무상한 눈(그 외 다른 감각기관)이 과연 무상한 것임을 알 때 그는 바른 견해〔正見〕를 갖춘 것이다.

《상응부》35상응 155경, Ⅳ권 142쪽

비구들이여, 의식〔識〕은 두 가지에 의존하여 생겨난다. 무엇이 그 두 가지인가? 눈과 눈에 보이는 대상이 그것이다. 이 두 가지에 의존하여 눈의 의식〔眼識〕이 생긴다. 그런데 눈은 무상하고, 변하며, 다른 것으로 되어간다. 눈에 보이는 대상도 무상하고, 변하며, 다른 것이 되어간다. 이처럼 잠시 지나가는 유동적인 이 두 가지 모두가 무상하고, 변하며, 다른 것이 되어간다.

'눈의 의식'도 무상하고, 변하며, 다른 것으로 되어간다. '눈의 의식'이 생기게 되는 원인과 조건인 눈과 눈에 보이는 대상이 무상하고, 변하며, 다른 것이 되어가는데, 이렇듯 무상한 조건에 연유하여 생겨난 '눈의 의식'이 어떻게 영원할 수 있겠는가?

다시 이들 세 무상한 것들이 마주치고 합치고 만나는 것을 접촉〔觸〕이라 부르는데, 눈의 접촉〔眼觸〕도 역시 무상하고, 변하며, 다른 것으로 되어간다. 무상한 조건에 의지하여 생겨난 '눈의 접촉'이 어떻게 영원할 수 있겠는가?

우리가 무엇인가를 느낀다는 것은 촉에 의해 접해졌다는 뜻이고, 이와 같은 사정은 우리가 어떤 것을 가려내고 그것을 지각할 때에도 마찬가지로 촉에 의해 접해진다는 뜻이다. 그러므로 (소위 느낌이니, 가려냄이니, 지각이니 하는) 이들 덧없고 찰나에 그치는 법들 역시 무상하고, 변하며, 다른 것으로 되어간다. 그리고 귀와 소리, 코와 냄새, 혀와 맛, 몸과 감촉, 마음〔意〕과 개념, 이 짝지어진 것들의 경우도 모두 마찬가지이다.

《상응부》35상응 93경, Ⅳ권 67쪽

비구들이여, 거듭거듭 무상에 대한 인식〔無常想〕을 닦아 이로써 마음을 가득 채운 채 머물고 있는 비구는 이득, 존경, 명성으로부터 물러서고, 거부하고, 돌아서게 되며 결코 그쪽으로 뻗지 않느니, 마치 불 위에 던져진 닭의 날개 깃이나 힘줄 조각이 오므라들고, 거부하고, 돌아서게 되며 결코 뻗치지 않는 것과 같다.

《증지부》7법집 46경, Ⅳ권 51쪽

'내가 있다'라는 아만我慢을 없애 버리기 위해서는 무상

상을 닦아야 한다. 왜냐하면 무상상을 닦는 사람에게 무
아상이 확고하게 세워지기 때문이다. 그런데 아만이 근절
될 때 무아상이 세워지고 그것이 지금 이 자리에서의 열
반이다.

《감흥어》 4품 1경

(아낌없이) 베푸는 행위도 공덕이 크지만, 확고한 신심으
로 불佛·법法·승僧 삼보에 귀의하여 오계五戒를 지닌 공
덕은 더욱 크며 (…) 이것도 공덕이 크지만, 미약한 대로
자비의 향기를 한줄기라도 더 피우려 노력하는 공덕은 더
크다. 이것도 공덕이 크지만, 손가락을 한번 퉁기는 짧은
시간 동안이나마 무상상을 닦는 공덕은 더욱 더 크다.

《증지부》 9법집 20경, IV권 396쪽

백 년을 살면서도 생과 멸을 보지 못하느니
단 하루를 살아도 생과 멸을 보는 삶이 낫다.

《법구경》 113게

비구들이여, 만일 비구가 다음의 여섯 가지 이로움이 보
상으로 따라온다는 것을 알진대, 형성된 모든 것들〔諸行〕에

대해서도 거기에 일일이 무상으로 인식하는 노력을 마다 하지 않을 것이다. 무엇이 여섯인가?

첫째, 형성된 모든 것들(諸行)이 실체가 없는 것으로 보이게 될 것이다.

둘째, 나의 마음이 어떤 세계에 대해서도 흥미를 느끼지 않게 될 것이다.

셋째, 나의 마음이 모든 세계에서 벗어나게 될 것이다.

넷째, 나의 마음이 열반을 향해 기울게 될 것이다.

다섯째, 나를 (윤회세계에) 묶어놓고 있는 모든 족쇄가 사라지게 될 것이다.

여섯째, 가장 높은 사문의 길을 걷게 될 것이다.

《증지부》 6법집 102경, III권 443쪽

목숨과 몸뚱이

거기다가 괴로움과 즐거움

이 네 가지(法)가 뭉치는 건

겨우 한 심찰나心刹那.23

---

23 [역주] 심찰나 : 인식 과정에 작용하는 미세한 기능이 소요하는 시
간. 대단히 짧은 시간으로 번개섬광의 10억분의 1보다도 짧은 시간.

그러나 그 찰나도 획 지나가네.

팔만사천 겁이나 산다는 신들마저
똑같은 상태로는 머물지 못하네.
단 두 심찰나도.

산 자든 죽은 자든 그들의 오온은
한결같이 모두
한번 흩어지면
똑같이는 다시 모이지 않네.

사람은 미래를 사는 것이 아니라
현재를 사는 것인데
'한번 의식이 흩어지면 이 세상은 죽은 것이네'
라는 것은 더 할 수 없이 옳은 말이네.

사라진 일도 쌓이지 않고
미래의 일도 쌓이지 않는다네.

보리수잎 · 여섯 《불교의 명상》, 〈고요한소리〉, 주14 참조.

생겨난 모든 것들은
송곳 끝의 겨자씨처럼 잠시도 가누어지지 않는다네.

죽어서 사라진 오온이나
생명 있는 자의 오온이나
한번 흩어지면 다시 회복되지 않는 것은
똑같다네.

저들은 어디서 오는 것도
흩어져 어디로 가는 것도 아니라네.
'마치 하늘의 번개처럼
번쩍 나타났다 사라질 뿐.'

《청정도론》 20장

깊숙이 한적한 곳에 들어가
고요한 마음이 된 비구는,
올바른 법[眞理]을 관觀하며
이 세상의 것 아닌 기쁨을 누린다.

그가 (다섯) 집착 무더기의

생과 멸을 바로 관할 때
그는 불사不死의 경지를 보게 되며
그의 마음은 기쁨과 열락을 누린다.

《법구경》 373~374게

형성된 것들은 모두 덧없다.
일어나고 스러지는 것이 그들의 법
생겼나 하면 벌써 사라진다.
생멸을 멈추는 것, 그것이 행복이다.

《장부》 16경, 《상응부》 6상응 15경, Ⅰ권 158쪽

2. 고 - 불만족성〔苦 *dukkha*〕

나는 오로지 이것만을 가르친다.

괴로움〔苦〕, 그리고 괴로움의 소멸에 이르기만을.

《중부》 22경, I 권 140쪽

괴로움은 반드시 어떤 것이 일어날 때에만 일어난다.

괴로움은 반드시 어떤 것이 소멸할 때에만 소멸한다.

《상응부》 12상응 15경, II권 17쪽

괴로움에는 세 가지가 있다.

마음과 몸에 본유本有한 괴로움, 변이變異로 인한 괴로움, 온蘊으로 인한 괴로움이다.

육체적·정신적으로 아픈 느낌들은 본유의 괴로움〔苦苦性 *dukkha-dukkhatā*〕이라 부르는데 이는 괴로움이 그들의 개별적 실재이자 공통의 명칭이며, 그리고 그들의 실체가 괴로움이기 때문이다.

육체적·정신적으로 즐거운 느낌을 변이의 괴로움〔壞苦性 *vipariṇāma-dukkhatā*〕이라 부르니, 이 느낌이 변할 때에는 아픔을 일으키는 한 원인이 되기 때문이다.

무덤덤한 느낌과 나머지 삼계三界의 형성된 모든 것들
〔諸行〕은 온에서 비롯된 괴로움〔行苦性 *saṅkhāra-dukkhatā*〕
이라 부르는데 그것들은 생멸에 시달려야 하기 때문이다.

《청정도론》16장

즐거운 느낌은 지속할 동안은 달고, 변할 때는 쓰다. 괴
로운 느낌은 지속할 동안은 쓰고, 변할 때는 달다. 괴롭지
도 즐겁지도 않은 느낌은 지혜가 있을 때는 달고, 지혜가
없을 때는 쓰다.

《중부》44경, I권 303쪽

유쾌함을 가장한 불쾌함이
사랑스러움을 가장한 혐오스러움이
행복을 가장한 괴로움이
방심하고 있는 사람을 정복해버린다.

《감흥어》2품 8경

과거에도 감관적 욕망*kāma*은 고통스러운 경험이었고
뜨겁게 불탔다. 미래에도 또한 이것은 고통스러운 경험이
되어 뜨겁게 불타오를 것이다. 현재도 역시 이것은 괴로운

경험으로서 뜨겁게 불타오르고 있다.

　그러나 중생들은 아직도 감관적 쾌락에 대한 탐욕을 버리지 못하고 그에 대한 갈망으로 온통 넋 빠져 들뜬 열정으로 불타고 있다. 불에 타 망가진 그들의 감관은 그 기능이 흐려져서 괴로움인 감관적 욕망을 접하면서 오히려 기쁨인 줄 착각한다.

《중부》 75경, Ⅰ권 507쪽

　물질성을, 느낌을, 지각을, 형성력을, 의식을 즐기고 있는 사람은 실은 고통을 즐기고 있는 것이다. 그리고 고통을 즐기고 있는 사람은 고통에서 헤어나지 못할 것이다. 이것을 나는 말한다.

《상응부》 22상응 29경, Ⅲ권 31쪽

　물질성, 느낌, 지각, 형성력, 의식의 생성과 지속과 현현은 곧 괴로움의 생성이며, 질병의 지속이며, 늙음과 죽음〔老死〕의 현현이다.

　물질성, 느낌, 지각, 형성력, 의식의 소멸과 정지와 종식은 바로 괴로움의 소멸이며, 질병의 정지며, 늙음과 죽음의 종식이다.

《상응부》 22상응 30경, III권 32쪽

비구들이여, 이 윤회의 시작은 헤아릴 수 없다. 무명에 가려진 중생들이 갈애에 속박당하여 윤회의 길을 서두르며 갈팡질팡 헤매기 시작한 시초는 알 수가 없다.

어떻게 생각하는가. 비구들이여, 실로 어느 쪽이 더 많겠는가. 그대들이 이 긴 여로를 서둘러 갈팡질팡 헤매면서, 싫은 것을 만나고 좋은 것과 떨어져서 울며불며 흘린 눈물의 양이 많겠는가, 사대양의 바닷물이 더 많겠는가.

다겁생을 그대들은 부모와 아들, 딸, 형제자매들의 죽음으로 괴로움을 겪어왔다. 그리고 그 괴로움을 통해 그대들은 진정 이 길고 긴 여로에서 사대양의 바닷물보다 더 많은 눈물을 흘려온 것이다.

그렇듯, 오, 비구들이여, 그대들은 오래오래 고통을 받고, 불행을 겪고, 죽어서 묻혔다. 이제 그대들은 겪을 대로 겪었으니 형성된 모든 것들에 염오를 느낄 때가, 탐욕을 버릴 때가, 그것들에서 완전히 벗어날 때가 되지 않았는가.

《상응부》 15상응 3경, II권 179쪽

어찌 즐거움이 있으리오. 어찌 웃음이 있으리오.
세상은 끝없이 타오르고 있는데
암흑[無知]에 싸여있는 그대여.
어찌 등불을 찾지 않느뇨?

보라, 여기 이 꼭두각시를.
겉은 번드레하지만 온갖 상처로 곪은 (오온의) 퇴적더미
병들고 망상으로 가득 찼을 뿐,
오래 가지도 견고하지도 못하네.

이 몸은 노쇠해진다.
그 속에 병은 둥지를 튼다.
썩은 육신은 마침내 산산이 흩어지니
산다는 것이 겨우 죽기 위해서란 말인가?

《법구경》 146~148게

괴로움과 괴로움의 발생을 모르고,

괴로움이 남김없이 완전히 멈추는 곳도 모르며,
괴로움을 진정시키는 길도 모르는 이들.

그들은 마음의 해탈24도 지혜를 통한 해탈25도
못 이루었기에 끝을 맺지 못한다.26
그들은 실로 태어남과 늙음을 겪는다.

그러나 괴로움과 괴로움의 발생을 알고,
괴로움이 남김없이 완전히 멈추는 곳을 알며,
괴로움을 진정시키는 길을 아는 이들.

그들은 마음의 해탈과 지혜를 통한 해탈을
이루었기에 끝을 맺을 수 있다.
그들은 태어남과 늙음을 겪지 않는다.

《숫따니빠아따》 724~727게

---

24 〔역주〕 마음의 해탈 : 심해탈*ceto-vimutti*. 고요한 마음〔止〕을 닦음으로써 얻게 되는 해탈.

25 〔역주〕 지혜를 통한 해탈 : 혜해탈慧解脫 *paññā-vimutti*. 통찰지〔觀〕를 닦음으로써 얻게 되는 해탈.

26 〔역주〕 끝맺다 : 생사윤회를 끝맺다. 즉 해탈하다.

비구들이여, 만일 비구가 다음의 여섯 가지 이로움이 보상으로 따라온다는 것을 알진대, 아무리 끝없이 마주쳐야 하는 행[諸行]일지라도 거기에 일일이 고苦로 인식하는 노력을 마다하지 않을 것이다. 무엇이 여섯인가?

첫째, 형성된 모든 것들[諸行]을 피하려는 생각이 나에게 확고해질 것이다. 마치 살인자의 빼어 든 칼을 피하듯.

둘째, 나의 마음은 일체 세간[三界]을 초탈할 것이다.

셋째, 열반에서 참 평화를 보게 될 것이다.

넷째, 내 속에 잠재해 있는 모든 (나쁜) 성향들이 수그러들 것이다.

다섯째, 해야 할 일을 충실하게 해 낼 것이다.

여섯째, 스승을 지극 정성으로 모시게 될 것이다.

《증지부》 6법집 103경, Ⅲ권 443쪽

3. 무아無我 *anattā*

비구들이여, 그대의 것이 아닌 것을 놓아 버려라. 그것을 놓는 것이 그대에게 이익과 행복을 오래도록 가져다 줄 것이다.

그러면 그대의 것이 아닌 것이란 무엇인가?

물질성, 느낌, 지각, 형성력, 의식, 이것들이 그대의 것이 아닌 것이며, 이것들을 그대는 놓아 버려야 한다. 그것들을 놓는 것이 그대에게 이익과 행복을 오래도록 가져다 줄 것이다.

《상응부》 22상응 33경, Ⅲ권 33쪽

여러 방식으로 자아를 생각하고 있는 저들 사문이나 바라문들은, 모두 한결같이 다섯 가지 집착의 무더기를 자아로 생각하거나 아니면 그 중에 어느 것을 자아로 생각한다.

무엇이 다섯인가?

비구들이여, 여기 무지한 범부들은 물질성, 느낌, 지각, 형성력, 의식을 자아라 생각한다. 아니면 자아가 이들 무더기 중의 어느 것을 소유한다고, 또는 그 무더기가 자아 속에 포함된다고, 또는 자아가 그 무더기 속에 포함된 것이라 생각한다.

《상응부》 22상응 47경, Ⅲ권 46쪽

올바른 견해를 지닌 사람이 어떤 법法 *dhamma*을 자아로 본다는 것은 있을 수 없는 일이다.

《중부》 115경, Ⅲ권 64쪽

많이 배워 고귀한 법을 아는 성스러운 성문[27]은 선지식의 법에 숙달되어 물질성, 느낌, 지각, 형성력, 의식을 자아로 보지 않는다. 또한 자아가 이들 무더기의 소유자라고도, 또 이들 무더기가 자아 속에 내재한다고도, 또는 자아가 이 무더기 속에 내재한다고도 보지 않는다.

이와 같이 비구들이여, 많이 배운 성스러운 성문은 물질성(그리고 나머지 네 가지)의 결박에 속박당하지 않으며, 안팎의 어떤 결박에도 속박되지 않아 피안을 보고 피안에 이르러, 마침내 괴로움에서 해탈한다고 나는 말하노라.

《상응부》 22상응 117경, Ⅲ권 165쪽

----

27 〔역주〕 성문聲聞 : 부처님의 가르침을 직접 받은 제자들.

비구가 계행이 청정28하여 다섯 가지 무더기가 무상함을, 괴로움임을, 아픔임을, 종기임을, 화살임을, 병임을, 고뇌임을, 남[他]임을, 궤멸임을, 공空임을, 무아無我임을 올바로 사유하면 예류과豫流果를, 일래과一來果를, 불환과不還果를, 아라한과阿羅漢果를 증득할 수 있다.

《상응부》22상응 122경, Ⅲ권 167쪽

누구든 눈이 자신이라고 여겨서는[我慢] 안 된다.

자신이 눈 안에 있다고 여겨서도 안 되며,

눈 밖에 있다고 여겨서도 안 된다.

또 '눈은 나에게 속한다'고 여겨서도 안 된다.

귀, 코, 혀, 몸 그리고 뜻[意]의 경우도 마찬가지이다.

누구든 자신을

색깔, 소리, 냄새, 맛, 감촉, 법29과

동일하다고 여겨서는 안 된다.

---

28 〔역주〕 계행의 청정 : 계율을 올바로 지키며 생활하고 정진하는 것.
29 〔역주〕 법法 : 의-식〔意識〕에 의해 인식되는 개념 내지 상태. 행보다 더 넓은 뜻으로 일체 유위와 무위의 세계를 다 포용하는 말.

자신이 그것들 안에 내재한다거나
밖에 존재한다고 여겨서도 안 된다.
'그들이 나에게 속한다'고 여겨서도 안 된다.

누구든 자신을
눈의 의식〔眼識〕, 귀의 의식〔耳識〕, 코의 의식〔鼻識〕,
혀의 의식〔舌識〕, 몸의 의식〔身識〕, 뜻의 의식〔意識〕과
동일하다고 여겨서는 안 된다.
자신이 의식의 안에 내재한다거나
바깥에 존재한다고 여겨서도 안 되며,
'의식이 나에게 속한다'고 여겨서도 안 된다.

누구든 자신이 모든 것*sabbam*과 동일하다고 여겨서는
안 된다. 자신이 모든 것 안에 존재한다거나 바깥에 존재
한다고 여겨서도 안 되며, '모든 것이 나에게 속한다'고 여
겨서도 안 된다.

이처럼 더 이상 착각하지 않는 현명한 제자는 세상의 어
떤 일에도 집착하지 않게 된다. 어떤 것에도 더 이상 집착
하지 않는 까닭에 그는 불안에 떨지 않는다. 더 이상 불안

에 떨지 않는 까닭에 그는 그 몸 그대로인 채 모든 아만이
떨어져나간 자리에 이르게 된다.

'다시 태어나는 일은 이제는 없다. 성스러운 삶을 살았
고, 해야 할 일은 다 했다. 다시 이런 윤회의 상태를 받는
일이 없을 것이다.'

이와 같이 그는 깨닫는다.

《상응부》 35상응 90경, IV권 65쪽

못 배운 범부는 차라리 사대四大로 이루어진 이 육신을
자아로 대할지언정 마음을 자아로 대해서는 안 된다. 왜
그런가? 육신은 한 해, 두 해, (…) 아니 백 년도 갈 수 있
는데 '마음[心]'이니 '뜻[意]'이니 '의식[識]'이니 하는 것들은
밤낮없이 다르게 나타나고 사라지기 때문이다.

《상응부》 12상응 61경, II권 94쪽

뜻[意]은 자아가 없다. 뜻의 발생의 원인과 조건들 역시
마찬가지로 자아가 없다. 하물며 자아가 아닌 것을 통해
생겨난 뜻이 어떻게 자아일 수 있겠는가?

《상응부》 35상응 141경, IV권 130쪽

비구들이여, 만일 비구가 다음의 여섯 가지 이로움이 보상으로 따라온다는 것을 알진대, 모든 것[諸法]에서 거기에 일일이 무아로 인식하는 노력을 마다하지 않을 것이다. 무엇이 여섯인가?

첫째, 모든 세계로부터 초연해질 것이다.

둘째, '나'란 견해[我慢]가 더 이상 나를 괴롭히지 않게 될 것이다.

셋째, '내 것'이라는 견해가 더 이상 나를 괴롭히지 않게 될 것이다.

넷째, 특출한 지혜를 골고루 갖추게 될 것이다.

다섯째, (모든 법의) 원인들을 잘 분별하게 될 것이다.

여섯째, 원인에 의해 일어나는 현상들을 명확히 보게 될 것이다.

《증지부》 6법집 104경, Ⅲ권 444쪽

〈고요한소리〉는

· 붓다의 불교, 붓다 당신의 불교를 발굴, 천착, 실천, 선양하는 것을 목적으로 설립되었습니다.

· 고요한소리 회주 활성스님의 법문을 '소리' 문고로 엮어 발행하고 있습니다.

· 1987년 창립 이래 스리랑카의 불자출판협회BPS에서 간행한 훌륭한 불서 및 논문들을 국내에 번역 소개하고 있습니다.

· 이 작은 책자는 근본불교를 중심으로 불교철학·심리학·수행법 등 실생활과 연관된 다양한 분야의 문제를 다루는 연간물連刊物입니다. 이 책들은 실천불교의 진수로서, 불법을 가깝게 하려는 분이나 좀 더 깊이 수행해보고자 하는 분에게 많은 도움이 될 것입니다.

· 이 책의 출판 비용은 뜻을 같이하는 회원들이 보내주시는 회비로 충당되며, 판매 비용은 전액 빠알리 경전의 역경과 그 준비 사업을 위한 기금으로 적립됩니다. 출판 비용과 기금 조성에 도움주신 회원님들께 감사드리며 〈고요한소리〉 모임에 새로이 동참하실 회원을 기다리고 있습니다.

· 〈고요한소리〉 책 읽기와 듣기는 리디북스RIDIBOOKS와 유나방송에서 만나볼 수 있습니다.

- 〈고요한소리〉 회원으로 가입하시려면,
  이름, 전화번호, 우편물 받을 주소, e-mail 주소를 〈고요한소리〉 서울 사무실에 알려주십시오.
  (전화 02-739-6328, 02-725-3408)
- 회원에게는 〈고요한소리〉에서 출간하는 도서를 보내드리고,
  법회나 모임·행사 등 활동 소식을 전해드립니다.
- 회비, 후원금, 책값 등을 보내실 계좌는 아래와 같습니다.

국민은행 006-01-0689-346

우리은행 004-007718-01-001

농협　　　032-01-175056

우체국　　010579-01-002831

예금주　　(사)고요한소리

마음을 맑게 하는 〈고요한소리〉 도서

금구의 말씀 시리즈

소리 시리즈

보리수잎 시리즈

단행본

This translation was possible
by the courtesy of the Buddhist Publication Society
54, Sangharaja Mawatha P.O.BOX 61
Kandy, Sri Lanka

법륜·넷
존재의 세 가지 속성

1989년 7월 25일 1판 1쇄 발행
2020년 12월 20일 개정판 6쇄 발행

지은이	오 에이치 드 에이 위제세께라
옮긴이	이지수
펴낸이	하주락·변영섭
펴낸곳	(사)고요한소리
등록번호	제1-879호 1989. 2. 18.
주 소	서울시 종로구 인사동길 47-5 (우 03145)
연락처	전화 02-739-6328, 725-3408 팩스 02-723-9804
	부산지부 051-513-6650 대구지부 053-755-6035
	대전지부 042-488-1689
홈페이지	www.calmvoice.org
이메일	calmvs@hanmail.net

ISBN   978-89-85186-19-3

값 1000원